AdWords für Startups

Marktführer werden und bleiben mit Google-Marketing

Stefan Vetter
Aurel Gergey

Vorwort von Alain Veuve

Wohin geht die Reise?

Als ich mich vor acht Jahren mit dem Gründer von Magento, Roy Rubin, zum Kaffee traf, erzählte er mir, wie seine Firma, damals noch halb E-Commerce-Agentur, praktisch ihre gesamte Akquise über AdWords bestellte. Sie hätten jeweils eine AdWords-Kampagne nur für einige Tage laufen lassen müssen und schon wären die Auftragsbücher für Wochen gefüllt gewesen. Damals, noch reichlich AdWords-unerfahren, nahm ich ihm das nicht so richtig ab.

Dass AdWords sehr gut funktioniert, habe ich dann ein paar Monate später in Verbindung mit einem Kundenprojekt sozusagen am eigenen Leib erfahren können. Zwar gelang es nicht ganz so spielend wie von Roy geschildert, aber der Nutzen war im Vergleich zum Einsatz schlicht gigantisch.

«Heute ist man als AdWords-Werbetreibender eher ein kleiner Fisch in einem grossen Teich. Und damit haben sich auch die Spielregeln verändert.»

Alain Veuve, Serial Entrepreneur

Und es gestaltete sich damals vergleichsweise einfach, auch als «Newbie» mit AdWords Erfolg zu haben. Das lag zum einen daran, dass noch viele Unternehmen viel stärker auf klassische (Offline-)Werbung setzten, zum anderen aber auch daran, dass die meisten Nutzer gar noch nicht richtig verstanden, dass es sich bei AdWords de facto um bezahlte Suchresultate handelte.

Es bestand im Bereich AdWords also insgesamt weniger Werbedruck, was sich positiv auf die Klickpreise auswirkte, und gleichzeitig nahmen weniger Kunden die AdWords bewusst als Werbung wahr, was im Endeffekt die Klickraten selbst erhöhte. Eine tolle Zeit, denn man war schnell ein grosser Fisch in einem kleinen Teich – werbetechnisch gesehen.

In den letzten Jahren haben sich die Werbebudgets zunehmend von Offline in Richtung Online verschoben. Das war keinesfalls eine Überraschung, denn es war immer klar, dass früher oder später die Werbegelder auch der Mediennutzung folgen müssen.

Heute ist man daher als AdWords-Werbetreibender eher ein kleiner Fisch in einem grossen Teich. Und damit haben sich auch die Spielregeln verändert. Vorbei sind die Zeiten, in denen man sozusagen einfach mit einer Kreditkarte und zwei Tagen Zeit «bewaffnet» enorme Erfolge erzielen konnte.

Wer heute mit AdWords nicht einfach Geld verbrennen will, benötigt in aller Regel fachkundige Beratung und Support. Die Möglichkeiten sind nach wie vor vielfältig, ebenso das Potential. Dasselbe gilt leider natürlich auch für die Fallstricke. Das Team von Wortspiel hat unserer Firma enorm geholfen, genau diese Chancen zu nutzen und sich der Gefahren bewusst zu werden. Und das beginnt eben nicht erst bei der Schaltung von Anzeigen, sondern schon viel früher – mit dem Finden und Testen einer Detail-Positionierung.

Waren früher AdWords sozusagen die Kür im Werbemix, sind sie heute zur Pflicht, zum festen Bestandteil jeder Werbekonzeption avanciert. Und so manch einer fragt sich, wohin die Reise geht. Was geschieht, wenn noch mehr Geld in das System AdWords fliesst? Wird es nicht ad absurdum geführt? Werden nicht schlussendlich die Kosten pro Klick zu hoch? Das kann alles sein. Nur, was wären denn die Alternativen? Print-

Anzeigen in Fachmagazinen? Es stellen sich einem die Nackenhaare auf.

Ich sehe denn anstatt von Alternativen vielmehr Ergänzungen. Allen voran natürlich Facebook. Aber auch Display wird durch die (noch zaghaften) Programmatic-Ansätze wieder interessanter. Und ja, es werden wohl mehr und mehr digitale Offline-Werbeangebote möglich. Man denke nur an stationäres Display-Advertising. Ein Bereich, in dem wir noch völlig in den Kinderschuhen stecken. Es wird noch viel zu viel bekleistert anstatt digital beschickt.

Unter dem Strich geht es darum – und ich bin ein grosser Verfechter dieser Konzeption -, Marketing und Werbung als das Erzählen von Geschichten über die eigene Firma und/oder Brand zu verstehen. Die Zeit der Werbebotschaften und Markenwelten ist zu Ende. Was zählt, sind Lauffeuer und Communities.

AdWords, um zum Thema des Buches zurückzukommen, spielen dabei eine spezielle Rolle. Sie verbinden das Interesse und Bedürfnis eines potentiellen Kunden auf effiziente Weise mit diesen Geschichten, die Sie über Ihr Unternehmen erzählen. Und diese Verbindung ist der erste Schritt in Richtung Aufbau einer Kundenbeziehung. Und darum geht es schlussendlich.

Auch dieses Buch erzählt indirekt Geschichten. Über Wortspiel. Über die Leute dahinter. Über die Dinge, mit welchen sie sich tagtäglich beschäftigen. Und es vermittelt Basiswissen, das heutzutage für jedes Business relevant ist. Genau wie AdWords.

Einleitung

Wie Amazon, Booking.com und MOVU Marktführer wurden

Diese drei und viele weitere artverwandte Unternehmen waren zuerst im Kleinen erfolgreich – bis sie dann in grösseren Massstäben zu denken und zu handeln begannen. Ein wesentlicher gemeinsamer Erfolgsfaktor: Google AdWords, das skalierbare und berechenbare Werbeprogramm von Google.

Stimmen die Rahmenbedingungen, ist AdWords oft der wirksamste Wachstumstreiber – und die kürzeste Verbindung von Angebot und Nachfrage.

Das macht AdWords so interessant für Startups. In den meisten Märkten werden sich wenige Anbieter durchsetzen – oftmals sind es diejenigen, die am schnellsten wachsen konnten. Dabei kann AdWords helfen.

«Most of today's startups don't fail because they can't build the product. They fail because they can't get traction for their product.»

Ryan Hoover, Gründer von Product Hunt

Dieses Buch wendet sich an Startups und Corporate Startups, die AdWords bereits nutzen und nun ausreizen wollen – sowie an Entscheider, die erfahren wollen, wie gut ihnen AdWords helfen könnte. Ein Startup ist für uns ein Unternehmen, das ein neuartiges Produkt oder ein neuartiges Geschäftsmodell entwickelt – und dies so schnell wie möglich skalieren möchte.

«A startup is an organization formed to search for a repeatable and scalable business model.»

Steve Blank, Erfinder der «Lean Startup»-Methode

«A startup delivers a new product and grows it fast.» Pieter Levels, Gründer von Nomad List

Wir beiden Autoren dieses Buches begleiten Startups auf dem Weg zur Marktführerschaft – mit unserer AdWords-Agentur Wortspiel. Bei der Zusammenarbeit mit unseren Auftraggebern verspüren wir öfter den Wunsch, ein wenig tiefer auszuholen, grundlegende Zusammenhänge aufzuzeigen und häufige Missverständnisse auszuräumen.

So ist die Idee zu diesem Ratgeber entstanden, der bestehende, zumeist techniklastige AdWords-Bücher ergänzen soll – aber keine detaillierten Anleitungen oder gar direkt nachkochbare Rezepte anbietet und anbieten kann. Dazu sind die Herausforderungen der Praxis zu individuell und zu komplex und die Veränderungsgeschwindigkeit von AdWords zu hoch.

In Kapitel 1 zeigen wir auf, wo meist anzusetzen ist: «Priorität: Die Lecks stopfen». Damit gewinnt man Zeit, um strukturelle Verbesserungen durchzuführen – beschrieben in Kapitel 2: «Architektur: Und plötzlich diese Übersicht». Erfolgreich kann nur sein, wer den Erfolg messen kann, dies ist das Thema von Kapitel 3: «Analytics: Wer die Ordnung im Chaos erkennt, gewinnt». Je stärker eine Marke ist, umso stärker performt sie bei AdWords, wie Kapitel 4 erläutert: «Profil: Eine Marke hat ein Gesicht wie ein Mensch».

Wie Sie die grossen Datenmengen, die Google anhäuft, zu Ihren Gunsten nutzen, thematisiert Kapitel 5: «AI: Googles künstliche Intelligenz intelligent nutzen». Mit AdWords lassen sich kaufbereite Interessenten besonders gut ernten, wie Kapitel 6 zeigt: «Targeting und Retargeting: Tiefhängende Früchte pflücken». Die Ads sind das Einzige, was potentielle Käufer von AdWords je zu Gesicht bekommen, sie entscheiden letztlich über den Erfolg. Mehr dazu in Kapitel 7: «AdWords-Anzeigen: Auffallen oder durchfallen». AdWords funktioniert nur so gut wie die Landeseiten, auf die Sie die Leute lotsen. Näheres hierzu in den Kapiteln 8: «SEO: Doppelt profitieren» und 9: «Conversion-Optimierung: Mit kleinen Jas zum grossen Ja».

AdWords ist zu komplex geworden und setzt zu viele unterschiedliche Kompetenzen voraus, um von einer Person alleine betreut zu werden. Es bedarf eines Inhouse-Teams oder einer AdWords-Agentur – aber welcher und wie könnte die Zusammenarbeit aussehen? Diesen Fragen widmen sich Kapitel 10: «Team: Cultural Fit statt Arbeitsverträge» und Kapitel 11: «Honorierung: Werte statt Stunden».

In Kapitel 12: «Flow: Den Game-Level steigern» machen wir uns Gedanken darüber, wo man die Motivation für den täglichen AdWords-Effort herholen kann. In Kapitel 13: «Quickcheck: Können Sie mit Hilfe von Google AdWords Marktführer werden?» schliesslich listen wir einige Fragen auf, deren Beantwortung beim gezielten Einsatz von Google AdWords helfen können.

Wir wünschen Ihnen bei der Lektüre so viel Freude, wie wir beim Schreiben dieses Ratgebers hatten. Happy AdWording!

«The kind of guys that used to form bands are now starting startups instead.»

Bono, Sänger von U2

1

Priorität

Die Lecks stopfen

Es ist einfach, mit AdWords Geld auszugeben. Vielleicht zu einfach. Man bucht Keywords, erstellt Anzeigen und schon macht man mit beim grossen Bieten um die Käufergunst.

Wesentlich schwieriger ist es, mit Google AdWords auch Geld zu verdienen und das Wachstum seines Unternehmens wirklich zu beschleunigen – bis hin zur Marktführerschaft. Henry Ford meinte einmal, die Hälfte seines Werbegeldes sei zum Fenster hinausgeschmissen, das wisse er – ihm sei nur nicht klar, welche Hälfte das sei. Die Hälfte? Reichlich optimistisch für heutige Verhältnisse! Bei einer ebenfalls optimistisch angenommenen Konversionsrate von zehn Prozent müsste sich Ford eingestehen: Gegenwärtig führen ganze 90 Prozent seiner Werbeenergie nicht zu direkten Umsätzen.

«Das Geheimnis liegt nicht darin, was man tut, sondern darin, was man nicht tut.»

Wolfgang Mewes, Ökonom

Und die Konversionsraten im Onlinemarketing betragen in der Regel sogar weniger als zehn Prozent. So etwas ist schwer zu ertragen – auch für uns, die wir seit vielen Jahren in dieser Branche tätig sind.

Tröstlich ist einzig: Alle Markt-Teilnehmenden haben mit diesen niedrigen Werten zu kämpfen. Ihre Konkurrenz auch. Und hier beginnt es, spannend zu werden. Wenn Sie es schaffen, mehr Verkäufe aus Ihren Investitionen herauszukitzeln und mehr Interessenten in Kunden zu verwandeln: Dann können Sie Ihre Mitbewerber überholen und sich an die Spitze des Feldes setzen.

Jede Reise beginnt mit dem ersten Schritt – und dieser liegt in der wirksameren Nutzung von Google AdWords: den Mittelabfluss zu stoppen, also zu identifizieren, durch welche Fenster Sie kein Geld mehr schmeissen sollten.

«Want to know what the number-one mistake people make still is? Hastily built campaigns. Badly organized ads and keywords cripple your Google campaigns and cost you a ton of money every single day: good, old-fashioned Google Stupidity Tax.»

Perry Marshall, AdWords-Buchautor

Jeder Franken oder jeder Euro, den Sie nicht verschwenden, kommt direkt den Resultaten zu Gute. Die Herausforderung besteht darin, die Lecks zu stopfen und herauszufinden, welche Klicks nur Kosten verursachen und keine Gewinne bringen – welche Anzeigen also die falschen Menschen anziehen und welche Regionen nicht interessant sind.

Stoppen Sie unwirksame Klicks, dann kommen vorerst einmal weniger Besucher auf Ihre Website. Das mag sich unangenehm anfühlen und kann als Rückschritt erscheinen. Ist es aber nicht. Wie sagen die Franzosen so schön: Reculer pour mieux sauter – es geht darum, Anlauf zu holen, um danach weiter springen zu können.

Gerade bei grösseren AdWords-Konten kann die Menge an Daten erschlagend sein. Und es kommen sekündlich neue hinzu. Man ist auf hoher See und kann das ganze AdWords-Gebilde nicht einfach anhalten und sich ins Trockendock begeben. Priorität hat, dass der laufende Betrieb weitergeht, mehr oder weniger ungestört.

Wir bei Wortspiel gehen insgesamt kleinschrittig vor und testen Optimierungen vorgängig an einer einzelnen Kampagne, einer einzelnen Anzeigengruppe oder sogar an einer einzelnen Anzeige. Erst wenn Änderungen erfolgreich sind, rollen wir sie auf das ganze Konto aus. Es handelt sich um einen Vor- und Zurück-Prozess, ähnlich wie beim Weben.

Dieses vorsichtige und umsichtige Vor und Zurück erweist sich meist als der sicherste Weg zum Erfolg. Und damit als der schnellste.

«Langsam ist präzise und präzise ist schnell.»

Bob Lee Swagger, Scharfschütze in «Shooter»

Gut gefiltert ist halb analysiert: Ein Mittel der Wahl zur Durchleuchtung von AdWords-Konten sind individuelle Filter. Sie stellen wunschgemässe Sichten auf das ganze Geschehen dar – aus denen sich umsetzungsorientierte Erkenntnisse ableiten lassen. Ein weiterer Vorteil dieser filtrierten Extrakte: Wir befinden uns direkt in AdWords und können gleich anpassen.

Häufig verwendeten Keyword-Filtern geben wir aus Gründen der Übersichtlichkeit Namen.

Dazu einige Beispiele.

- Dornröschen: Diese Suchbegriffe konvertieren günstig und erzeugen wenig Traffic – haben aber das Potential für viel Traffic.
- Tire-Kickers: Keywords, welche Besucher anziehen, die nicht kaufen werden – ähnlich Autointeressierten, die bei einem Porsche-Händler in die Reifen kicken, aber nicht im Traum daran denken, jemals ein solches Gefährt zu kaufen.
- Zeitbomben: Suchläufe, bei denen unbemerkt hohe Kosten auflaufen, ohne dass Conversions entstehen.
- Mager-Joghurts: Suchbegriffe mit wenig Nachfrage, wenig Klicks, wenig Conversions.
- Reife Früchte: Money-Keywords, die hohes Kaufinteresse widerspiegeln.

«The real prize is the market research data behind the clicks that you are buying, that will help you to improve performance.»

David Rothwell, AdWords-Buchautor

2

Architektur

Und plötzlich diese Übersicht

Meist ist Unübersichtlichkeit das Hauptproblem, wenn ein neues AdWords-Konto an uns herangetragen wird. Wie sollen wir nun vorgehen, wenn die grössten Lecks behoben sind?

Wir haben unsere Erfahrungen aus vielen AdWords-Projekten in einem Vorgehensmodell verdichtet. Es hilft, den Wust an Informationen und Problemen handhabbar zu machen, Zusammenhänge zu erkennen, Prioritäten zu setzen.

«Eleganz ist in Einfachheit verwandelte Komplexität.»

Lapo Elkann, Unternehmer

Die erforderlichen Optimierungen sind im Einzelnen oft wenig spektakulär. Hier eine Anzeigezeile umformulieren, da ein neues ausschliessendes Keyword hinzufügen, dort einen Bestellbutton umgestalten. Herausfordernd bis überfordernd ist die Menge aller Optimierungen, die vorzunehmen sind – und das Tempo, in der diese Anpassungen zu erfolgen haben.

Wollen Sie Google AdWords nutzen, um Marktführer zu werden: Dann müssen Sie diese Komplexität bewältigen können, sie besser zu Ihren Gunsten nutzen als die Mitbewerber, sich von ihr antreiben und anschieben lassen.

«Nach System arbeiten bedeutet für viele Menschen Unbeweglichkeit, das Gegenteil ist der Fall.»

Johann Löhn, Unternehmer

Wir wollten der bestehenden Komplexität nicht noch eine neue hinzufügen – und haben unser Workframe daher einfach gestaltet. So simpel und reduziert wie nur möglich.

Wichtig ist uns auch, dass das Modell vollständig (alle wesentlichen Elemente des AdWords-Erfolgs abdeckend), leicht anwendbar und offen ist (es dient als Landkarte und zeigt mögliche Wege und Ziele auf – ohne sie im Einzelnen vorzugeben).

Hier das Vorgehensmodell im Überblick.

Innerhalb von AdWords stattfindend:

- Targeting: Sichtbarkeit maximieren. Von den Keywords über Placements und geographische sowie zeitliche Ausrichtung bis zu Remarketing: Wenn Sie AdWords ausreizen wollen, möchten Sie bei so vielen potentiellen Kunden wie nur möglich in Erscheinung treten.
- Bidding: Gebote justieren. Übergeordnetes Ziel ist meist, ein Maximum an Conversions zu erzielen und die Kosten für die Conversions zu minimieren. Hierzu ist es erforderlich, die Höhe der abgegebenen Gebote gezielt auszurichten. Biete ich zu tief, erscheinen meine Anzeigen nicht weit genug oben und ich verliere Besucher. Biete ich zu hoch, schmälert das die Rendite. Google AdWords bietet hier maschinengestützte Hilfe – mehr dazu im Kapitel 5: «AI: Googles künstliche Intelligenz intelligent nutzen.» Wichtig ist auch, die Passung zwischen Keywords, Anzeigen und Landingpages zu optimieren – was sich in einem hohen Quali-

tätsfaktor der beworbenen Suchbegriffe und damit in tieferen Klickpreisen niederschlägt.
- Anzeigen verstärken: Die Anzeigen sind das Einzige, was das Publikum von AdWords zu Gesicht bekommt. Sie sind von entscheidender Bedeutung. Gute AdWords-Anzeigen funktionieren wie trojanische Pferde: Sie kommen einladend und sympathisch daher – sind im Kern aber offensiv auf ein Ziel ausgerichtet.

Ausserhalb von AdWords stattfindend:
- Value Proposition: Das Angebot verstärken. AdWords ist nur so gut wie die Produkte oder Dienstleistungen, die man bewirbt. Die Qualität des Angebots spurt den Erfolg vor. Auch die Zwischenschritte, die zum Kauf führen, sind Teil des Angebots – oft bewährt es sich beispielsweise, mehr und niederschwelligere Conversions einzuspeisen.
- Landingpage-Optimierung: Die Conversions steigern. Der AdWords-Erfolg kann nicht vollständig an eine Agentur delegiert werden. AdWords und die Landingpages müssen zwingend gemeinsam bearbeitet, gemeinsam entwickelt und gemeinsam optimiert werden. Landingpages müssen sich an ihren grossen Vorbildern orientieren – den führenden Onlineanbietern. Ihre Kunden sind verwöhnt und erwarten eine Website, die «state of the art» ist. In jeglicher Hinsicht.
- Pre- und Aftersale: Kunden umsorgen. AdWords findet nicht im luftleeren Raum statt. Begleitende

Massnahmen können den AdWords-Erfolg verstärken oder überhaupt erst ermöglichen. Und: Nach dem Kauf ist vor dem Kauf – oft sind erst Folgekäufe gewinnbringend. Und auch: Je stärker eine Marke ist, umso wirksamer kann sie AdWords nutzen.

Ergänzend kommen unterschiedliche Analytics-Werkzeuge zum Einsatz.

Wenn man aufs Ganze gehen will, ist ein solches ganzheitliches Modell nützlich. Es bewährt sich in der Praxis, ersetzt das eigene Denken aber nicht. Soll es auch gar nicht. Das Framework hilft lediglich, das Vorgehen steuer- und regelbar zu machen – und es hilft, die beteiligten Spezialisten zu koordinieren und zu inspirieren. Damit ist schon viel erreicht.

«AdWords erfolgreich machen kann nur, wer nicht nur AdWords macht.»

Aurel Gergey, AdWords-Texter und Autor

3

Analytics

Wer die Ordnung im Chaos erkennt, gewinnt

Um zu erfahren, ob Sie in Richtung Marktführerschaft gut unterwegs sind – und um notwendige Kurskorrekturen frühzeitig einleiten zu können, sind ausgefeilte Kontrollen unumgänglich. Gerade bei AdWords.

«Sie sind der Konkurrenz stets einen Schritt voraus, wenn Sie Veränderungen der immateriellen Werte schon erkennen, bevor sie sich auf der materiellen Ebene niederschlagen.»

Wolfgang Mewes, Ökonom

Wir definieren gemeinsam mit unseren Auftraggebern Kennzahlen, nutzen sie als Steuerungsgrössen und behalten sie laufend im Auge.

Nur – das alleine reicht nicht aus. Um den Markt aufzurollen und sich an die Spitze zu setzen, ist ein umfassenderer Ansatz erforderlich. Über das operative Controlling hinaus sind auch taktische und strategische Gesichtspunkte miteinzubeziehen.

«Success is usually the culmination of controlling failure.»

Sylvester Stallone, Schauspieler

Wir müssen hinter die Zahlen blicken und sie vorausahnen können – es ist nicht nur die Spitze des Eisbergs zu betrachten, sondern auch die Komponenten, die unsichtbar unter dem Wasser verborgen sind.

Darum beziehen wir neben den klassischen harten Key Performance Indices auch weiche Werte ins Controlling mit ein, etwa die Verweildauer auf der Website oder die Durchführung von Zwischenschritten auf dem Weg zum Kauf. Darüber hinaus verfolgen wir auch mit, wie unsere Auftraggeber in den Medien in Erscheinung treten (unter anderem per Google Alerts), behalten im Auge, wie Endkunden das Unternehmen bewerten, sprechen mit den Aussendienstlern, halten uns über das politische und gesellschaftliche Geschehen auf dem Laufenden und überwachen die Suchtrefferseiten zentraler Keywords.

«Das Kenne-Deinen-Gegner-Prinzip: Nur wenn ein Unternehmen die Stärken und Schwächen seiner Konkurrenten durchschaut, kann es seine eigene Strategie anpassen – und gezielt Wettbewerbsvorteile schaffen.»

Hermann Simon, Ökonom

Den grössten Erfolg haben diejenigen Startups, welche die Wünsche des Publikums am besten bedienen. Dazu muss man die Wünsche kennen – und wissen, wie gut man sie bereits befriedigt.

Die meisten Wünsche sind alt, vielleicht so alt wie die Menschheit selbst – es wandelt sich nur die äussere Form, in der sie in Erscheinung treten.

«Human nature hasn't changed for a billion years. It won't even vary in the next billion years. Only the superficial things have changed.»

Bill Bernbach, Werber

Die Bedürfnisse sind also schon da und waren es immer schon. Sie ordnen den Markt und definieren ihn. Sie bilden die gleichbleibende Struktur, die auch das Chaos heutiger Märkte unterlegt und stabilisiert. Menschenkenntnis ist damit letztlich wichtiger als Zahlenkenntnis.

Daher: Ein ganzheitliches Controlling wirkt wie ein Radarschirm, auf dem sich die Entwicklung des Unternehmens abzeichnet. Man erkennt aufziehende Gewitter nicht erst, wenn es blitzt, sondern bereits dann, wenn sich die Spannungen zusammenbrauen. Und man erkennt auch Schönwetter-Perioden klarer und eindeutiger.

Sie finden, wir bleiben zu vage? Gerne würden wir konkreter werden und Ihnen erklären, wie sich der AdWords-Erfolg in exakte Zahlen pressen und völlig beherrschen lässt. Nur, das ist nicht möglich – wer sich auf neues Terrain voranwagt und als Startup ambitionierte Ziele hat, muss immer mit einer gewissen Unschärfe und Ungewissheit leben. Auch bei Google AdWords. Das auszuhalten und geniessen zu können, ist ein Teil des Spiels, welches wir gemeinsam spielen.

«Customer Journeys werden zusehend komplexer, Analytics-Vollständigkeit ist nicht zu haben – selbst fortgeschrittene Attributionsmodelle sind erst Stückwerk.»

Lukas Stuber, AdWords-Experte

Analytics ist ein wichtiges Werkzeug, um mit AdWords Erfolg haben zu können. Zweifellos. Nur, allzu oft lässt man sich von der vorgeblichen Genauigkeit der gelieferten Zahlen blenden. Analytics ist ein Hilfsmittel und sollte das auch bleiben. Mehr nicht, aber auch nicht weniger.

Analytics selbst ist reaktiv, rückwärtsgerichtet. Analytics interpretiert, das ist zwar erhellend und ergiebig – aber: Analytics kreiert nicht. Die gewonnenen Erkenntnisse bilden lediglich die Grundlage für Neuerungen und Verbesserungen. Wir Menschen sind die Intelligenz und bleiben das auch. Nicht die Maschinen, nicht die Messwerkzeuge. Kreieren geht über kontrollieren!

«Setze Dir qualitative Ziele, nicht quantitative. Wachstum ist eine Folge von Qualität, nicht umgekehrt.»

Markus Walser, Unternehmer

4

Profil

Eine Marke hat ein Gesicht wie ein Mensch

Marken sind im Internet-Zeitalter bedeutsamer denn je – als letzte verbliebene Orientierungspunkte in einer überbordenden Vielfalt an Waren und Dienstleistungen.

«Wir könnten Müllsäcke mit einem Gucci-Logo bedrucken und für 1000 Dollar verkaufen.»

Domenico De Sole, Geschäftsführer von Gucci

Das Internet zersplittert die zuvor ziemlich homogenen Märkte in unendlich viele Einzelteile. Die früheren Leitmedien Zeitung und Fernsehen haben viel von ihrer einstigen Macht eingebüsst – heute versammelt man sich immer seltener um den bläulich schimmernden Flimmerkasten. Und wenn doch, dann ist es keiner mehr – sondern ein flaches Hightech-Ding, und sonntags läuft immer häufiger nicht der neue Tatort, sondern ein Stream.

Und der Siegeszug mobiler Endgeräte beschleunigt diese Entwicklung noch.

«Mobile has forever changed what we expect of brands. It has fractured the consumer journey into hundreds of real-time, intent-driven micro-moments.»

thinkwithgoogle.com

Die Strahlkraft einer guten Marke kann die Verkäufe bei AdWords deutlich beschleunigen. Wenn sich Interessenten zwischen mehreren ähnlichen Suchtreffern entscheiden müssen, wählen sie oft den Anbieter, den sie schon kennen, von dem sie «schon gehört haben».

Die Webadresse steht bei den Anzeigen an zweiter

Stelle, unmittelbar nach dem Titel – sie kann von zentraler Bedeutung sein und über Erfolg oder Misserfolg entscheiden. Der Markterfolg wird immer mehr zum Markenerfolg.

«Marken sind keine Anhängsel, sondern Systemkerne.»

Peter Lünstroth, Markenberater

Wie macht man eine Marke, und wie macht man sie stärker? Für uns sind Marken keine Äusserlichkeiten, keine netten Designs, die man Angeboten willkürlich aufklebt. Wir verstehen Marken als Statements – als Stellungsbezug. Eine Marke ist ein Leistungsversprechen, sichtbar gemacht in Bild, Text, Ton – und natürlich in den Angeboten selbst.

Das Leistungsversprechen (synonym: die Value Proposition) muss für das angesprochene Publikum relevant sein. Die vertretenen Werte müssen in der Zielgruppe widerhallen. Und: Die Marke muss sich von anderen Marken im selben Feld unterscheiden. Sonst wird es schwierig bis unmöglich, Erfolg zu haben.

«People don't buy what you do, they buy why you do it.»

Simon Sinek, Redner und Unternehmensberater

Ist eine Marke klar positioniert und überzeugend inszeniert, geschieht etwas Eigenartiges: Menschen bauen eine Beziehung zur Marke auf. Fast wie zu einem

Menschen. Marken werden zu Lebensgefährten und zu guten Freunden.

Wir neigen dazu, unbelebte Gegenstände zu vermenschlichen – geben etwa unseren Autos Kosenamen. Man spricht von Anthropomorphismus. Dieses Phänomen ist darauf zurückzuführen, dass wir bindungsfähige und bindungswillige Wesen sind, unabhängig davon, ob uns ein Mensch in Fleisch und Blut gegenübersteht – oder eine von Menschen gemachte Marke.

Unternehmen können sich das zunutze machen. Aber wehe, das Leistungsversprechen wird nicht eingehalten und der Konsument enttäuscht. Negative Botschaften verbreiten sich um ein Vielfaches schneller als positive. Wir wünschen keinem Unternehmer, dass ein Shitstorm über ihn hereinbricht.

«Nicht, dass man dich nicht kennt, sei deine Sorge, sorge dafür, dass du des Kennens wert bist.»

Konfuzius, Philosoph

Erforderlich ist in erster Linie Klarheit darüber, welchen Zweck Ihr Startup verfolgen will – das ist die Substanz der Marke. Wie sie verpackt und präsentiert wird, ist die zweite, ebenso wichtige Frage. Die dritte: Wie bringen Sie Ihre Marke unter die Leute und ins Gespräch?

Auch hierbei kann AdWords helfen.

Google betreibt neben der weltweit bedeutendsten Suchmaschine mit Youtube auch die grösste Video-Plattform und zusätzlich das reichweitenstärkste Displaynetzwerk für Onlinewerbung – es umfasst über zwei Millionen Webseiten und erreicht rund 90 % aller Internetnutzer weltweit. Monatlich liefert Google rund eine Billion Anzeigen an über eine Milliarde Menschen aus.

«Die kompromisslose Selbstähnlichkeit ist ein wesentlicher Grund für den grossen Erfolg vieler Marken.»

Klaus Brandmeyer, Markenforscher

Selbstähnlichkeit meint: Das Wesentliche einer Marke sollte in all ihren Lebensäusserungen aufscheinen. Wie in einem Hologramm.

Selbstähnlichkeit hilft auch beim Verfassen von AdWords-Anzeigen und macht sie wirksamer. Man nehme die verbale DNA der Marke – und lege sie dem Anzeigentext zugrunde.

«Sales are for today, brands are forever.»

Leo Burnett, Werber

Beim Herauskristallisieren, Eindampfen und Eingrenzen von Botschaften sollte die AdWords-Agentur helfen können. Diese Verdichtungs-Tätigkeit ist eine ihrer Kernkompetenzen. Beim Verpacken und Verteilen der Botschaften ausserhalb von AdWords-Suchanzeigen helfen ergänzende Spezialisten – etwa Grafiker, klassische Werber, Content Marketeer, Social-Media-Insider oder PR-Berater.

Unsere praktische Erfahrung zeigt: Die Value Proposition muss für die Nutzung innerhalb von AdWords meist noch zugespitzt werden. AdWords ist ein lauter Marktplatz – Botschaften müssen hier plakativ vermittelt werden, um Gehör zu finden. Wir kreisen mögliche Vorteilsversprechen gemeinsam mit unseren Auftraggebern ein und testen sie anschliessend. Wie? Natürlich ebenfalls mittels AdWords. Wir schalten unterschiedliche Aussagen in Form von AdWords-Anzeigen, lassen die Ads gleichmässig rotieren und beobachten, welche der Aussagen am meisten geklickt wird und am besten verkauft.

«Es gibt viel Lärm da draussen – man muss selbst etwas laut werden, um nicht unterzugehen.»

Bono, Sänger von U2

5

AI

Googles künstliche Intelligenz intelligent nutzen

2007 präsentierte Google ein Tool, welches AdWords neu definierte. Ich spreche vom Conversion Optimizer. Erstmals war es innerhalb von AdWords möglich, Gebote unter Einbezug künstlicher Intelligenz abzugeben.

Dieses Tool wurde mittlerweile zu einem ganzen Set von «automatischen Gebotsstrategien» weiterentwickelt – sie analysieren die bisherigen Conversions einer Kampagne und entscheiden auf dieser Grundlage, bei welchen Suchanfragen, an welcher Position und zu welchem Preis welche Anzeigen eingeblendet werden.

«AdWords has access to many data points that you don't have.»

Brad Geddes, AdWords-Buchautor

Die Gebots-Automatismen versprechen, ein Maximum an Conversions aus einem vorgegebenen Budget herauszuholen. Die Zitrone also noch mehr auszupressen.

Performanceorientierte AdWords-Betreuer atmeten auf, Anbieter externer Bidmanagement-Lösungen stockte der Atem. Denn Google hat, was sie nicht haben: Zugriff auf alle bisherigen Datenpunkte. Den vollständigen Überblick.

«There is no way that even the smartest AdWords manager could outperform Google's artificial intelligence, when it's backed by all the advertiser data dating back to when AdWords was first made available.

A mere human doesn't have the time to optimize individual campaigns to this extent.» Gabriel Bradly, Adwords-Buchautor

Theoretisch bietet AdWords mit den Gebots-Automatismen nun alles Erforderliche, um die Conversions elegant zu maximieren. Wie sieht es aber in der Praxis aus?

Gemischte Gefühle. So mancher AdWorder musste schmerzhaft erfahren: Die Gebots-Automatismen sind kein Selbstläufer.

Wir setzen sie bei unseren Auftraggebern gewinnbringend ein – aber bevorzugt bei Kampagnen, die bereits Erfolge zeigen. Die Gebots-Automatismen verstärken den Erfolg, können ihn aber nur bedingt selbst erzeugen.

Weitere Erfahrungswerte:

- Praktizieren Sie die Pareto-Regel und fokussieren Sie auf jene 20 % der Keywords, die 80 % der preislich attraktiven Conversions erzeugen.
- Arbeiten Sie bevorzugt mit scharf umrissenen Keyword-Optionen und Anzeigengruppen.
- Überprüfen Sie regelmässig, welche Anzeigen wie gut performen, deaktivieren Sie schlechter arbeitende Anzeigen manuell – und wenden Sie die gewonnenen Erkenntnisse auch auf die Landeseiten an.
- Pausieren Sie die Gebots-Automatismen gelegentlich, damit AdWords frische, unbelastete Daten erfassen kann.
- Beginnen Sie mit eher hohen maximalen Conversion-Zielkosten und senken Sie diese nach und nach.

Möchten Sie Marktführer werden, bietet die AdWords-AI einen weiteren entscheidenden Vorteil: Einmal wirksam eingerichtet, können Sie das Tagesbudget für AdWords beliebig hinauffahren – und so das Neukundenpotential maximal ausreizen. Die Gebots-Automatismen sind somit einer der weitreichendsten Skalierungs-Stellhebel, die AdWords an Bord hat.

«I realised Google's automation was the best way to run the show, so now I let it – not just for bid management, but for ad delivery too.»

David Rothwell, AdWords-Buchautor

Die Reise ins Land der maschinellen Intelligenz ist jedoch noch längst nicht beendet. Google investiert massiv in weitere Anwendungen künstlicher Schlauheit – und hilft uns AdWordern beispielsweise heute schon, auch die Ads selbst datengetrieben auszuspielen.

Google nutzt die vielen gesammelten Datenpunkte, um zu entscheiden, wann wem wo welche Ads gezeigt werden sollen – mit ein Grund, warum der Suchmaschinenbetreiber empfiehlt, bis zu zehn Ads pro Adgroup einzubuchen. Die Feinverteilung der Ads innerhalb auch eng granularisierter Adgroups bekommt die AI besser hin als noch so erfahrene Marketeers. Nach unserer Erfahrung sind fünf bis sieben Ads pro Adgroup ein guter Wert.

Google will grundsätzlich alles automatisieren und

damit all das aus dem Weg räumen, was zwischen einem Bedürfnis und dessen Erfüllung steht – genauer: zwischen einer Frage und einer schnellen, zufriedenstellenden Antwort. AdWords-Betreuer werden künftig Piloten im Autopiloten sein.

«Das Ziel von Google ist es, die Informationen der Welt zu organisieren und für alle zu jeder Zeit zugänglich und nutzbar zu machen. Diese einfache Aussage ist der Leitfaden für alle unsere Entscheidungen. Wenn wir uns auf neues Terrain wagen, dann meist deswegen, weil wir ein Problem erkannt haben, das bislang noch nicht gelöst wurde, und glauben, es mithilfe von Technologien lösen zu können.»

Susan Wojcicki, Youtube-Chefin

6

Targeting und Retargeting

Tiefhängende Früchte pflücken

Was Google AdWords kann, kann niemand sonst: Genau dann Lösungen anbieten, wenn Menschen sie wirklich benötigen. Nie zuvor in der Geschichte des Marketings war es möglich, Nachfrage und Angebot so direkt zu verbinden. Und es entstehen bekanntlich erst dann Kosten, wenn die AdWords-Anzeigen angeklickt werden. Eine fantastische Kombination!

«Werbung sät, Direct Marketing erntet.»

Gilbert Fisch, Werber

Die Menschen machen regen Gebrauch von der auskunftsfreudigen Antwortmaschine Google. Täglich füttern sie das Suchfeld mit über vier Milliarden Keywords. Pro Sekunde sind das über 250'000 Anfragen – Facebook und artverwandten sozialen Webseiten zum Trotz. Wenn wir schnelle und erschöpfende Auskünfte benötigen und wenn wir vergleichen wollen, wenden wir uns an Google. Das wird voraussichtlich noch lange so bleiben.

«Search is older than the internet and it's not going away.»

Paul Isaac, AdWords-Experte

Soziale Onlinenetzwerke – darunter auch das Google-eigene Youtube – können aber wirksam dazu beitragen, die Nachfrage anzuregen und das Vertrauen in Marken zu stärken. Beide Welten ergänzen sich.

«In sozialen Netzwerken will man kommunizieren, nicht Kühlschränke kaufen.»

Eric Schmidt, ehemaliger CEO von Google

Viele der Suchläufe widerspiegeln Kaufabsichten. Man weiss schon, was man will und sucht einen passenden Anbieter – oder bereitet einen Kauf vor und recherchiert Informationen. Die gesammelten menschlichen Wünsche fliessen wie eine gewaltige Welle durch die Serverfarmen von Google und werden auf den Trefferseiten sichtbar.

AdWords macht diesen Nachfrage-Strom sicht- und nutzbar, kanalisiert ihn – und ermöglicht Unternehmen, daran zu partizipieren. In Klondike waren es die Schaufelhändler, die sich eine goldene Nase an den Goldgräbern verdienten – im Internetzeitalter heutiger Tage produziert Google die Schaufeln und wurde so zu einem der wertvollsten Unternehmen der Welt.

«Search is the ultimate expression of the power of the individual – using a computer, looking at the world, and finding exactly what they want.»

Eric Schmidt, ehemaliger CEO von Google

Nur, und das ist eine wesentliche Einschränkung: Google Search mit seinen AdWords-Anzeigen kann Nachfrage zwar exzellent abbilden – aber nicht selbst erzeugen. Wer mit Hilfe von Google Search einen Markt aufrollen und anführen will, muss darum zwingend zuerst die Keywords sauber abklären. Es muss bereits Keywords und damit Nachfrage geben, die sich bedienen lässt.

Einige der Fragen, die wir gemeinsam mit unseren Auftraggebern in diesem Zusammenhang untersuchen:

- Wie viele Suchläufe lassen sich zu den einzelnen Angeboten identifizieren?
- Verändert sich die Anzahl der Suchanfragen im Jahresverlauf?
- Wie entwickelt sich der Nachfrage-Trend? Nahmen die Suchanfragen in den letzten Jahren zu oder ab?

AdWords kann auf wirksame Weise dazu beitragen, traditionelle Massenmärkte zu disruptieren. Märkte, die historisch gewachsen sind und die sich durch die Digitalisierung stark verändern. Hier ist bei Google bereits häufig eine steigende/stabile Nachfrage sichtbar, die Unternehmen anzapfen und auf ihre Angebote umleiten können.

«Google AdWords is highly scalable. This makes AdWords highly effective for businesses that need a lot of leads but are short on time and heads.»

Elisa Gabbert, AdWords-Expertin

Weniger gut geeignet ist AdWords für neue, unreife Märkte und Angebote. Hier ist auch die Keyword-Nachfrage noch unausgereift – die Früchte hängen noch zu hoch in den Wipfeln; die Äste haben sich noch nicht gesenkt ob dem Gewicht praller Äpfel und Birnen.

«Der wichtigste Produktionsfaktor sind die Kundenbedürfnisse.»

Wolfgang Mewes, Ökonom

Die häufigste Hürde bei der Keyword-Analyse ist erfahrungsgemäss Voreingenommenheit. Man glaubt zu wissen, wonach potentielle Kunden suchen. Wir empfehlen: Die eigenen Annahmen mit in die Analyse hineinzunehmen – aber offen zu sein für Suchläufe anderer Art.

Oft sehen Interessenten zwar Anzeigen und klicken sie an, entscheiden sich aber nicht sofort. Das kann unterschiedliche Gründe haben – die Personen haben beispielsweise gerade keine Zeit, um sich dem gefundenen Angebot gebührend zu widmen oder möchten sich zuerst eingehender informieren.

Darum bietet Google AdWords neben dem keywordbasierten Targeting noch weitere Targeting-Möglichkeiten. So können wir beispielsweise Unentschiedene nach dem Klick auf die AdWords mit weiteren Anzeigen begleiten – solange, bis sie dann tatsächlich kaufen. Diese Retargeting-Ads können auch ausserhalb von Search stattfinden, etwa über Google Display auf externen Webseiten oder bei Youtube.

Wie oft Interessenten Retargeting-Anzeigen zu Gesicht bekommen, kann und muss fein justiert werden. Der Grat zwischen willkommener Botschafts-Auffrischung und lästigem Ad-Stalking ist schmal.

Remarketing – andernorts Retargeting genannt – bietet sich auch an, um bestehenden Kontakten neue Angebote zu unterbreiten. Das kann sich lohnen, denn:

«It costs anywhere from five to 25 times more to acquire a new customer than it does to retain a customer. [...] Increasing customer retention rates by 5 percent increases profits by between 25 percent to 95 percent.»

Fred Reichheld,
Autor von «Loyalty Rules! How Today's Leaders Build Lasting Relationships»

7

AdWords-Anzeigen

Auffallen oder durchfallen

Haben Sie sichergestellt, dass es viele pflückbare Früchte gibt und sie fortwährend nachwachsen: Dann gilt es, zum richtigen Zeitpunkt in Erscheinung zu treten – und die Nachfrage mit verkäuferischen Anzeigen zu ernten.

«When the world zigs, zag.»

John Hegarty, Werber

Ihre Anzeigen haben eine doppelte Herkulesarbeit zu leisten: Sie müssen auffallen – nur Anzeigen, die gelesen werden, erhalten auch Klicks – und sie müssen aus der Masse an Google-Nutzern die passenden herausfiltern. Keywords sind oft nicht eindeutig – die Anzeigen müssen dann nicht nur passende Interessenten anziehen, sondern auch unpassende abwimmeln.

Auffallen können Sie mit Ihren Anzeigen inhaltlich und/oder formal. AdWords-Inserate, die sich spannender Aussagen bedienen, funktionieren in der Regel besser als Anzeige-Langweiler. Und wenn alle Mitbewerber AdWords mit Worten vollstopfen: Dann kann es sich lohnen, kurz und knapp zu bleiben.

Die Anzeigen sind das Einzige, was künftige Kunden von Ihrem AdWords-Engagement je sehen werden. Sie entscheiden mit über Erfolg oder Misserfolg, über Gewinn oder Verlust.

«In der Geschichte der Werbung hat sich ein Thema über alle Generationen bewährt. Es lautet ‹Anders sein›.»

Martin Arnold, Werber

Dazu ein Beispiel aus der Praxis: Eine Anzeige, die wir für MOVU entwickelt haben, das mittlerweile marktführende Umzugs-Startup der Schweiz. Die Ad bewirbt das Keyword «Umzugsreinigung».

Umzugsreinigung entspannt? – Jetzt vergleichen und sparen
www.movu.ch/Die-Umzugs/Entstresser™
5 Gratis-Offerten + Abnahme-Garantie + persönliche Beratung = MOVU!

Die erste Headline – «Umzugsreinigung entspannt» – holt den Interessenten ab, indem sie das gesuchte Keyword enthält. «Hier bin ich richtig, dieser Anbieter hat mich verstanden». Unmittelbar danach bricht der Anzeigentext die Erwartungshaltung, indem er ein unerwartetes Wort bringt: «entspannt». Auf so etwas ist man nicht gefasst, man horcht auf und freut sich der Dinge, die da noch kommen mögen.

Die Call to Action – «Jetzt vergleichen und sparen» – gibt vor, was der Interessent als Nächstes machen kann und soll – und übersetzt die erwünschte Handlung des «Jetzt-Vergleichens» in den erzielten Nutzen: «... und sparen».

Die URL kann ebenfalls verwendet werden, um Aussagen unterzubringen. Die hier erscheinende URL muss nicht funktionstüchtig sein, die eigentliche Zieladresse hinterlegen wir an anderer Stelle. Das eröffnet argumentativen Spielraum, den wir nutzen, um einen Kampagnen-Slogan einzuflechten: «Die Umzugs-Entstresser». Diese Wortneuschöpfung greift das eingangs getätigte Versprechen der Umzugs-Entspannung auf und verstärkt es. Das Trademark-Zeichen fördert die Glaubwürdigkeit und hat Signalwirkung – es wird eher geschaut als gelesen und darum schnell verstanden.

«Niemand liest Werbeanzeigen.
Die Leute lesen, was sie interessiert.
Und manchmal sind das Werbeanzeigen.»

Howard Luck Gossage, Texter

Der Anzeigen-Fliesstext beruht ebenfalls auf einer Idee: Wir verkürzen die Anzeige und beschleunigen den Lesevorgang, indem wir den Text in eine mathematische Gleichung verwandeln. Zu guter Letzt schreiben wir den Firmennamen in Grossbuchstaben, was auffällt und Autorität verströmt.

Diese Anzeige vereint mehrere Ansätze, die wir zuvor in separaten Ads angetestet und für wirksam befunden haben. Sie performt konstant besser als andere Ads – und ist darum eine unserer Control-Ads, an der sich neue Anzeigenideen zu messen haben. Das Mantra lautet hier: «Beat the control» – wir tüfteln laufend neue Ads aus, um die Controls zu schlagen und um noch mehr und noch günstigere Conversions zu erzielen.

«Ads are Answers.»

Nick Fox, Google

8

SEO

Doppelt profitieren

SEO – ausgeschrieben «Search Engine Optimization» – wird oft missverstanden. Mit SEO ist nicht gemeint, eine Website in den unbezahlten Suchtreffern von Google nach oben zu bringen – das verwechselt Massnahmen mit Zielen. SEO bedeutet im Kern vielmehr nichts anderes, als eine Website den Bedürfnissen der Nutzer anzupassen.

In der Folge können sich dann die Rankings verbessern – aber nicht nur in den unbezahlten Suchtreffern, sondern auch in den bezahlten, also bei AdWords.

Google hat sich zur Aufgabe gemacht, Suchanfragen mit möglichst relevanten Treffern zu beantworten – und das schnell. Sehr schnell. Dazu muss Google maschinell und in Sekundenbruchteilen beurteilen können, welche Webseiten zu einer bestimmten Anfrage passen. Die Algorithmen halten dazu auf den Webseiten nach gewissen Indizien Ausschau. Es gilt, diese Indizien zu kennen und erforderliche Optimierungen abzuleiten.

«Ich betrachte die Google-Suche als wundervolle Sinfonie, bei der Nutzer und Suchmaschine zusammen musizieren.»

Amit Singhal, ehemaliger Head of Search von Google

Eine Raketenwissenschaft ist das nicht, vielmehr penible Kleinarbeit. Webseiten müssen auf der Grundlage recherchierter Keywords strukturiert und realisiert werden – die Suchbegriffe müssen an richtiger Stelle auf richtige Weise eingebunden werden. Dies vor den Kulissen: in den Überschriften und im Fliesstext. Und hinter den Kulissen: etwa in den Seitentiteln und Meta-Beschreibungen. Es deutet vieles darauf hin, dass Google zunehmend auch das Verhalten der Nutzer auf den Webseiten mit einbezieht – es gilt also, über die technischen Verbesserungen hinaus auch die Benutzerfreundlichkeit zu steigern.

Die beiden häufigsten Fehler: Man nimmt sich zu viel vor und stopft einzelne Seiten mit allzu vielen Keywords voll. Dann verkehrt sich der Effekt ins Gegenteil und Google ist verstimmt. Oder: Die Strukturierung und die Keywords stimmen zwar, es ist aber zu wenig Content vorhanden, insbesondere zu wenig Text.

Suchmaschinenoptimierung bezieht sich aber nicht nur auf die Verbesserung der Landeseiten, sondern umfasst auch das Wording der AdWords-Anzeigen. Auch sie müssen keywordbasierend getextet und feingeschliffen werden. Passen die Ads zu den Suchanfragen, stuft Google sie als relevant ein. Dazu ein Auszug aus den Google-Regularien:

«Relevante Anzeigen erhalten tendenziell mehr Klicks, erscheinen an einer besseren Position und erzielen den grössten Erfolg für Ihre Kampagnen. Daher ist es wichtig, bei der Erstellung Ihrer Kampagnen den Schwerpunkt auf die Relevanz zu legen. Mit relevanten Anzeigen können Sie ausserdem Ihren Cost-per-Click senken und bei jedem Klick Geld sparen.»

Richtig gelesen: Je relevanter Ihre Ads sind, umso weniger bezahlen Sie für die Klicks. Und umgekehrt: Passen Ihre Ads nicht so richtig zu den Suchanfragen, schaltet Google sie unter Umständen dennoch – die Klicks kosten dann einfach mehr bis viel mehr.

Suchmaschinenoptimierung lohnt sich also doppelt:

Interessenten finden eher, was sie suchen – und Sie als Werbetreibender bezahlen weniger für Klicks auf Ihre Anzeigen.

Als erfreulicher Zusatznutzen verbessert sich dank intelligentem SEO oft auch das Ranking in den unbezahlten Suchtreffern. Oft, nicht immer. Und nicht immer bringt das auch wirklich etwas – weil heute meist bis zu vier bezahlte Suchtreffer eingeblendet werden, die über den sogenannten «organischen Treffern» erscheinen.

Und diese ersten vier Treffer sind es laut unabhängigen Studien auch, die einen Grossteil der Klicks erhalten. «Platz eins bei Google» ist faktisch erst der fünfte Platz – und kein Garant mehr für zahlreiche «kostenlose» Besucher.

Wer daher nur auf SEO setzt, geht ein hohes Risiko ein. Die organischen Suchtreffer lassen sich zwar optimieren, aber nicht kontrollieren. Wer darauf angewiesen ist, einen konstanten Strom an kaufwilligen Besuchern zu erhalten, wird dies allein mit SEO kaum bewerkstelligen können.

In den unbezahlten Suchtreffern prominent gefunden zu werden, erfordert zudem oft auch den Aufbau von Backlinks – Links, die von anderen Webseiten auf meinen Internetauftritt verweisen. Diese sind heutzutage nur noch schwer zu bekommen – wir leben im Zeitalter des Linkgeizes. Und da diese Backlinks natürlichem Schwund unterworfen sind (Webseiten werden reorganisiert, gelöscht oder Links werden entfernt), ist das Linkbuilding eine Daueraufgabe – mit unbestimmtem Ausgang.

AdWords ist da der sicherere, zuverlässigere und klarer kalkulierbare Wert. Bezahlte und unbezahlte Suchtreffer sollten daher gemeinsam bedacht und koordiniert werden.

«Google wandelt sich von einer Suchmaschine zu einer Entscheidungsmaschine.»

Eric Schmidt, Ex-CEO, Google

9

Conversion-Optimierung

Mit kleinen Jas zum grossen Ja

Wer Menschen etwas verkaufen will, sie also von ihrem Geld trennen will, stösst heutzutage auf zwei grosse Hürden: Misstrauen und Ungeduld. Wir sind alle ziemlich misstrauisch gegenüber kommerziellen Anbietern geworden – leider oft zu Recht – und wir sind alle ziemlich ungeduldig.

«Die Zeitspanne zwischen einem Reiz und seiner Befriedigung hat sich auf einen Tastendruck verkleinert – der einzige akzeptable Zeitrahmen lautet heute: sofort.»

Sascha Lobo, Blogger

Sollen per AdWords eingekaufte Besucher in Käufer verwandelt werden, gilt es also, die Hausaufgaben zu machen. Die Landingpages – die Seiten, auf die man nach dem Klick auf eine AdWords-Anzeige landet – müssen verkaufsoptimiert werden. Dies gilt ebenso für die restliche Website, denn oft sehen sich Interessenten erstmal um, bevor sie entscheiden ...

... oder sie verlassen die Website gleich wieder, weil sie nicht finden, was sie suchen. Oder sie finden es zwar, sind aber nicht überzeugt, ob sie hier kaufen bzw. überhaupt kaufen sollen. Die Besucher sagen sich dann vielleicht: Könnte was sein, ich komme später wieder – später heisst im Onlinemarketing jedoch oft: nie.

«The most common user action on a website is to flee.»

Edward Tufte, Information Designer

Landingpages sind dann vertrauenswürdig und strapazieren die Geduld der Besucher nicht, wenn sie die Grundregel der Conversion-Optimierung befolgen:

Man gebe den Interessenten diejenigen Informationen, die sie benötigen, um den nächsten Schritt im Verkaufsprozess zu machen – und man gebe ihnen diese Informationen so, dass sie Lust bekommen, diesen Schritt auch wirklich zu machen.

Daraus leiten sich drei Anforderungen ab:

- Welches sind mögliche nächste Schritte?
- Welches sind die erforderlichen Informationen?
- Wie lassen sich diese Informationen überzeugend vermitteln?

Auf diese Fragen lassen sich keine vorgefertigten Antworten geben. Was es gibt, sind Erfahrungswerte – und eine Abkürzung zu diesen Antworten, sie nennt sich: Testen. «The best, you test.» Niemand kann Gedanken lesen und die Zukunft vorhersehen – die Herausforderung besteht also darin, so wirksam wie nur möglich zu testen.

Wir Wortspieler testen gerne live – und leiten dazu einen Teil des Traffics auf die auszutestende, neu gestaltete Landeseite um. Bewähren sich die Optimierungen, rollen wir sie auf alle Landeseiten aus. Bewähren sie sich nicht, testen wir weiter.

Und dann wieder von vorne, Landeseiten sind nie «fertig». Das Web entwickelt sich laufend weiter und die Menschen werden immer anspruchsvoller.

Alle führenden Unternehmen testen ihre Website

immer und immer wieder. Beispielsweise Amazon: Der US-Onlinehändler erreicht mit seinem Shop eine durchschnittliche Konversionsrate von rund 13 % (die Amazon Prime-Member konvertieren sogar zu phänomenalen 74 %).

Viele führende Anbieter dürfen sich schon freuen, wenn ihre Konversionsrate über 3 % klettert. Richtig gelesen: Wenn nur 3 von 100 teuer eingekauften Besuchern kaufen, liegt man damit oft schon über dem Branchen-Durchschnitt.

«Experiments and more experiments: We have our own internal experimentation platform called Weblab, that we use to evaluate improvements to our websites and products. In 2013, we ran 1976 Weblabs worldwide.»

Jeff Bezos, Gründer von Amazon

Alternativ dazu können Sie auch Tester einladen und auffordern, Neuerungen an der Website auszuprobieren. Das bewährt sich beispielsweise dann, wenn eine umfassende Standortbestimmung gemacht werden soll. Im Tagesgeschäft bevorzugen wir Livetests. Sie sind real und liefern schnell unbestechliche Resultate. Eingeladene Tester sind immer Gäste – die Testsituation ist künstlich, die Ergebnisse sind mit Vorsicht zu geniessen.

Was aber soll optimiert und getestet werden? Unsere Empfehlung: Listen Sie alle nur denkbaren Optimierungen auf – und arbeiten Sie diese schrittweise ab. Die dringendsten zuerst, die weniger dringenden später.

Die drei häufigsten Fehler in der Praxis, unseren Beobachtungen zufolge:

- Es gibt zu wenig Teilconversions, welche die Interessenten an die Schlussconversion heranführen – den Kauf.
- Die Interessenten erhalten nicht alle benötigten Informationen.
- Die Informationen sind suboptimal aufbereitet – beispielsweise schwer verständlich formuliert oder grafisch unattraktiv dargestellt.

Welche Informationen potentielle Käufer benötigen, um zu tatsächlichen Käufern zu werden, hat Siegfried Vögele untersucht.

«Wirksame Direktwerbe-Texte sind verständliche Antworten auf unausgesprochene Leserfragen. Es ist wichtig, diese unausgesprochenen Leserfragen zu kennen – und sie den Werbemassnahmen zugrunde zu legen.»

Siegfried Vögele, Direktmarketing-Forscher

Wir sammeln diese Fragen und mögliche Antworten gemeinsam mit unseren Auftraggebern und legen sie den Conversion-Optimierungen zugrunde.

Wie man die gefundenen Informationen wirksam aufbereitet, ist ein weites Feld: Nutzerfreundlichkeit ist wichtig, Ästhetik, eine markenkonforme Bildsprache. Wir empfehlen unseren Auftraggebern, auch hier mit Spezialisten zusammen zu arbeiten – heutige Zielgruppen sind viel im Web unterwegs, haben daher hohe Ansprüche und erwarten durchgehende Professionalität.

«Es findet immer ein Verkauf statt. Entweder verkaufen Sie dem Kunden Ihr Produkt. Oder der Kunde verkauft Ihnen sein Nein.»

David Ogilvy, Werber

Als AdWords-Agentur konzentrieren wir uns auf das, was wir am besten können: AdWords zum Funktionieren zu bringen. Dabei fallen oft Erkenntnisse an, die der Landeseiten-Weiterentwicklung dienlich sind. Diese Learnings teilen wir mit unseren Auftraggebern und beraten sie bei der Umsetzung. Weiter können wir nicht gehen, denn die Landeseiten-Optimierung ist ein eigenes, gesondertes Fachgebiet.

«Starte mit Wörtern. Wörter kommen nicht, nachdem das Design fertig ist. Wörter sind der Anfang, der Kern, das Zentrum.»

Justin Jackson, Unternehmer und Autor

10

Team

Cultural Fit statt Arbeitsverträge

Wer sich mit Hilfe von AdWords an die Spitze setzen will, muss Spitzensport betreiben – alles, was zu tun ist, muss auf professionelle Weise getan werden. Und es gibt viel zu tun.

Zu viel für einen einzelnen AdWords-Betreuenden, so fit sie oder er auch sein mag. Es sind Spezialisten unterschiedlicher Ausrichtung erforderlich, die wirksam zusammenarbeiten müssen. AdWords ist zu einem Mannschaftssport geworden.

«Es ist nicht wichtig, von wem eine Idee stammt – die Hauptsache ist vielmehr, dass wir eine Atmosphäre miteinander herstellen, in der man Ideen hat.»

Dieter Pfaff, Schauspieler

Folgende Zusammenstellung und Arbeitsteilung hat sich bei uns in der Praxis bewährt:

- Ein Botschafter, der alle Fäden in der Hand hält, die operativen Spezialisten mit dem Auftraggeber koordiniert und Kontakte pflegt. Er sollte sich gut mit AdWords auskennen – ebenso wie alle anderen Beteiligten.
- Ein operativer Betreuer, der das Konto in- und auswendig kennt und laufend daran arbeitet.
- Ein AdWords-erfahrener Werbetexter. Jemand, der weiss, wie man Botschaften auf die Kaufpunkte der Kunden hin verführerisch zuspitzt – Googles Werbeprogramm heisst aus gutem Grund Ad- «Words».
- Ein Analytiker, der eine kühle Zahlensicht auf das Geschehen hat und in der Lage ist, komplexe Zusammenhänge auf einfache Schlüsselzahlen hinunterzubrechen – und diese zielführend und zeitnah zu interpretieren.

- Ein Copilot – ein AdWords-Experte, der nicht operativ in die Betreuung des jeweiligen Kontos involviert ist, aber selbst komplexe Projekte betreut und als Zweitmeinungs-Lieferant Betriebsblindheit verhindert sowie neue Impulse liefert. Der Copilot kann zudem als Stellvertreter einspringen, wenn der operative Betreuer ausfällt.
- Je nach Auftragsumfang auch ein Conversion-Experte, der beim Verbessern der Landeseiten hilft – sowie ein Werbegrafiker, der Display-Anzeigen entwickelt.

Manchmal betreut ein Teammitglied auch mehrere Funktionen in Personalunion. So kann beispielsweise der Betreuer auch als Analytiker fungieren, wenn er den entsprechenden Hintergrund mitbringt.

Bei Wortspiel haben wir uns so organisiert, dass ein Head of AdWords den performanten Einsatz von AdWords gewährleistet und die Kontobetreuer zu neuen Ansätzen inspiriert. Ihm zur Seite steht ein Creative Director, der die Anzeigenqualität verantwortet und die Anzeigen gemeinsam mit den Teammitgliedern laufend weiterentwickelt.

«Do what you do so well that they will want to see it again and bring their friends.»

Walt Disney

Wie lässt sich ein gutes Team zusammenstellen? Unsere Erfahrung hat gezeigt, dass zwei Kriterien zu berücksichtigen sind: Die Mitglieder müssen natürlich ihr Handwerk beherrschen – und sie sollten menschlich zum Team und zu Ihren Werten passen.

«Values and culture matter more than anything. They seep into the product, the user experience, the brand, and ultimately define the company in the market. And all of this comes from the top.»

Fred Wilson, Investor

Es ist nicht einfach, Werte klar und schnell zu vermitteln und darauf basierend Lob oder Kritik auszusprechen. Das zeigt die Agenturpraxis. Darum stellen wir gerne beispielhaft vor, wie wir dies für uns gelöst haben.

Wir bei Wortspiel haben unsere Wertebasis formalisiert und zu einem eingängigen verbalen Dreiklang verdichtet. Er lautet: «Wir sind freundlich, frei und fokussiert».

- «Wir sind freundlich: Eine Zusammenarbeit funktioniert nur dann gut, wenn es auch menschlich passt. Wir schätzen Ehrlichkeit, Demut und Authentizität.»
- «Wir sind frei: Wir setzen auf Vertrauen, nicht Verträge. Wir arbeiten zusammen, solange beide Seiten zufrieden sind und sich gemeinsam weiterentwickeln. Falls sich das ändern sollte, trennen wir uns.»
- «Wir sind fokussiert: Das Marketing verändert

sich so schnell, dass Spitzenleistungen nur mit hoher Spezialisierung möglich sind. In unserem Fall ist dies ‹AdWords für Startups›».

Diese drei Punkte beziehen sich übrigens gleichermassen auf unseren Umgang im Team, mit unseren Auftraggebern und mit unseren Konkurrenten. Wir versuchen, diese Werte bei allem, was wir tun, zu leben.

Eine gute Inspiration für einen freundlichen Umgang ist der Klassiker «How to Win Friends» von Dale Carnegie. Dieses Buch hat neben uns auch die Gründer von Buffer bei der Formulierung ihrer Firmenwerte sehr beeinflusst. Zu Freundlichkeit gehört für uns auch Demut:

«When you look back at yourself six months from today and don't feel embarrassed by your naiveté, there's a problem. That means you're not learning, growing.»

Nathan Bashaw, Startup-Gründer

«People who are right a lot of the time, are people who often change their mind. Consistency of thought is not a particularly positive trait.»

Jeff Bezos, Gründer von Amazon

Wir beiden Autoren sind nicht die einzigen Wortspieler, die in traditionellen Agenturen tätig waren – das ist ein Vorteil. Agenturerfahrene Marketeers wissen, wie sich Zusammenarbeit grundsätzlich anfühlt und anfühlen muss.

Wir kennen die Vorteile des Agenturlebens, haben dort viel gelernt – und sind dankbar für die Entwicklungsmöglichkeiten, die wir erhielten. Erfahren haben wir jedoch auch: So wollen wir nicht mehr arbeiten, und so soll unsere eigene Agentur nicht aufgebaut sein. Wortspiel soll Gestaltungsfreiheit bieten, flexibler organisiert sein, hier soll man freier atmen können.

«Fachkräfte sind rar, aber eine neue Generation will sich selbst verwirklichen, etwas Sinnhaftes tun und Karriere, Familie und Freizeit kombinieren. Die Revolution der Arbeitswelt ist in vollem Gange.»

Jörg Jelden, Trendforscher

So denken viele und es werden immer mehr. Die Herausforderung besteht zunehmend darin, freischwebende AdWords-Experten anzusprechen und einzubinden. Nicht: anzubinden. Wortspiel arbeitet konsequent mit festen freien AdWordern zusammen – Menschen, die zu uns passen und wir zu ihnen.

«The greatest people are self-managing. […] What they need is a common vision – and that's what leadership is.»

Steve Jobs

Ist eine solche Netzwerk-Agentur auch wirklich stabil und robust, könnte man sich fragen. Ist das eine «richtige Firma» im herkömmlichen Sinne, muss sie es sein? Das überlegten wir anfangs auch – bis wir erkannten: Die gemeinsamen Werte und Sichtweisen schweissen uns wahrscheinlich stärker zusammen, als es jedes Vertragswerk leisten könnte.

«Netzwerke lassen sich nicht über Egos, Anweisungen und Kontrolle führen. Sie basieren auf Empathie, Motivation und Austausch.»

Jörg Jelden, Trendforscher

Diese Gemeinsamkeiten ermöglichen es auch, über die Grenzen von Raum und Zeit hinweg zusammenzuarbeiten. Ist es wirklich erforderlich, dass alle Mitarbeitenden zur gleichen Zeit im gleichen Büro sitzen, um voranzukommen zu können?

Wir arbeiten heute da, wo es uns beliebt. Bei Wortspiel ist es nicht unüblich, dass sich zwei der Teammitglieder nach Feierabend kurz noch per Videocall oder Chat abstimmen und so ein dringendes Problem schnell lösen – um den Morgen darauf dann mit Familie und Freunden zu verbringen, konnte die Kniffligkeit doch schon am Abend zuvor gelöst werden und das Projekt läuft wieder reibungslos.

«The thing about hiring people for a distributed team is that they need

to be self-motivated and productive working at home, coffee shops or a co-working space.»

Joel Gascoigne, Gründer von Buffer

Wir sind überzeugt: Menschen sollten da arbeiten, wo sie am glücklichsten sind. Dann sind sie auch am produktivsten. So wird es möglich, Spezialisten unterschiedlicher Herkunft zu integrieren – und Zugriff auf mehr Talente und mehr Ideen zu erhalten.

Das Zusammenspiel freier Experten will jedoch strukturiert sein. Wir nutzen Online-Tools, um uns schlank zu organisieren und um effizient zu kommunizieren. Beispielsweise Slack für den tagesaktuellen Informationsaustausch, Trello für die Projektorganisation, Zoom für Videokonferenzen und Pipedrive für den Sales.

«Communication is the oxygen for a distributed company.»

Matt Mullenweg, Mitgründer von WordPress

Gelegentlich treffen wir uns auch in unserem Hauptquartier in Zürich, hier befindet sich das physische Büro von Wortspiel samt sonnendurchflutetem Sitzungsraum, Parkplatz direkt vor dem Haus und Kaffeemaschine. Soviel an klassischer Firma darf dann doch sein.

Und zwei- bis dreimal jährlich verreisen wir gemeinsam irgendwo hin. Spannen entspannt aus für zwei oder drei Tage, reden, lachen und pflegen die Kulinarik. So festigen und erneuern wir unsere Beziehung – um anschliessend wieder virtuell gemeinsam Vollgas geben zu können.

Darüber hinaus führen wir wöchentlich einen All-Hands-Videocall durch. Hier besprechen wir nicht primär die operativen Angelegenheiten, sondern tauschen uns auf einer zwischenmenschlichen Ebene aus – wie es uns geht, welche Erfolge wir jüngst feiern konnten oder wo wir Hilfe aus dem Team bräuchten.

«I'm as proud of what we don't do as I am of what we do.»

Steve Jobs

Last but not least, glauben wir, dass nur mit starkem Fokus wirklich exzellente Leistung möglich ist. Es ist wichtiger, zu was man nein sagt, als zu was man ja sagt. Es gibt daher vieles, was wir bewusst nicht anbieten – obwohl wir regelmässig Anfragen erhalten: Social Media Advertising (ausser Remarketing auf Social Media für unserer AdWords-Kampagnen), Website-Entwicklung, Content Marketing, Linkbuilding, Videoproduktionen etc.

«The stronger the culture, the less corporate process a company needs. You can trust everyone to do the right thing. People can be independent and autono-

mous. They can be entrepreneurial. […]
If we have a company that is entrepreneurial in spirit, we will be able to take our next ‹(wo) man on the moon› leap.»

Brian Chesky, Gründer von Airbnb

88/89

11

Honorierung

Werte statt Stunden

Ein Prinzip wird im Geschäftsleben oft erst dann wirklich zu einem Prinzip, wenn es ums liebe Geld geht. Ja, wir wollen kooperativ arbeiten und die Auftraggeber in Teamarbeit voranbringen – und ja: Zu Fairness und Leistungsgerechtigkeit können sich alle bekennen. Nur, wie verwandelt man diese Ideen in klingende Münze? Und das auf praktikable, für beide Seiten profitable Weise?

«Wenn es um eine Beute geht, die jeder für sich alleine nicht gewinnen kann, kooperieren Wölfe mustergültig.»

Wolfgang Mewes, Ökonom

AdWords-Agenturen kalkulieren traditionellerweise auf Prozentbasis des Klickbudgets, verrechnen ihre Arbeit nach Aufwand oder kalkulieren mit Pauschalen. Auch wir bei Wortspiel arbeiten gerne mit Fixpreisen, bevorzugt zu Beginn der Zusammenarbeit.

Möchte ein Unternehmen jedoch Marktführer werden oder bleiben, also mit Hilfe von Google AdWords Vollgas geben: Dann setzen wir auf erfolgsbasierte Abrechnung. So früh und so konsequent wie möglich.

«Hourly or fixed monthly arrangements are basically unethical.

Hourly fees incentivise the manager to create more work for themselves, or simply to take longer to do the work necessary.

Fixed monthly fees simply mean that the manager has to figure out a way to do as little as possible and still retain your business.

Percentage of monthly spend is even worse. The manager gets paid more only if you spend more.»

Gabriel Bradly, AdWords-Buchautor

Wir sind Bradlys Meinung: Nicht erfolgsbasiert abzurechnen, kann Misstrauen schüren, künstlichen Aufwand erzeugen – und Energie binden: Seit wir erfolgsbasiert verrechnen, hat sich unser Controlling-Aufwand deutlich verringert. Wir erkennen einfacher, wie viel Erfolg wir mitbewirkt haben – und müssen nicht durch aufwändige Reportings belegen, welche Arbeit wir investiert haben.

«Action is not results.»

David Rothwell

Häufiges Missverständnis: Bei der erfolgsbasierten Verrechnung geht es nicht darum, AdWords-Kosten einzusparen und weniger in AdWords zu investieren. Das ist die falsche Motivation und wird die Sprengkraft dieser Abrechnungsform nicht freisetzen. Es geht vielmehr darum, gemeinsam mehr in AdWords zu investieren – und gemeinsam stärker von AdWords zu profitieren.

Und so funktioniert es: Die Agentur erhält beispielsweise ein niedriges definiertes Fixum als Aufwandsentschädigung und als Zeichen des gemeinsamen Commitments – das eigentliche Honorar fliesst erst dann, wenn die definierten Ziele erreicht wurden. Oder zugespitzt: Die Agentur erhält nur dann ein Honorar, wenn die festgelegten Ziele erreicht oder übertroffen wurden.

Auch wichtig: Wir machen die Zielerreichung keinesfalls immer nur an Zahlen fest, beispielsweise an einer bestimmten Anzahl von Verkäufen oder einem Verkaufspreis, der unterschritten wurde. Wir unterscheiden vielmehr zwischen quantitativen und qualitativen Zielen, wohlwissend, dass das übergeordnete Ziel immer lautet: Den Erfolg weiter auszubauen und noch erfolgreicher zu werden. Also: So schnell wie möglich Marktführer zu werden – oder die Marktführerschaft weiter auszubauen.

Das klingt dann beispielsweise so – nachfolgend ein anonymisierter Auszug aus einer realen Vereinbarung mit einem unserer Auftraggeber.

Unsere gemeinsamen Ziele für dieses Projekt beinhalten wie besprochen:

- Das Wachstum erkennbar beschleunigen (Wachstum hat Prio 1, ROAS – Return on Ad Spend – hat Prio 2)
- Monatlich an die oder über hundert qualifizierte Leads in D/A/CH über AdWords generieren
- Das AdWords-Leadpotential der anderen Zielmärkte prüfen und ausreizen

Messwerte: So ermitteln wir die Zielerreichung. Unsere Messwerte beinhalten:

- Deutlich spürbare Steigerung der qualifizierten Leads über AdWords
- Klar messbare Verbesserung des ROAS

Wertschöpfung: So profitiert Ihr von der Zielerreichung. Die Wertschöpfung beinhaltet:

- Schnelleres Wachstum
- Mehr Umsatz
- Höhere Rentabilität durch besseren ROAS
- Bessere Auslastung des Sales-Teams
- Entlastung im Bereich AdWords

Es handelt sich stets um eine Mischung von harten und weichen Zielen. Am Beispiel des Messpunkts: «Klar messbare Verbesserung des ROAS». Wir machen unsere Bezahlung davon abhängig, ob wir es schaffen, den Return auf die investierten Klickkosten zu verbessern. Wie gross die Verbesserung im Detail ist, legen wir an dieser Stelle noch nicht fest – und können es nicht tun. Niemand kann in die Zukunft schauen und viele der erfolgsbestimmenden Einflussgrössen liegen ausserhalb unserer Kontrolle.

Gelegentlich lässt sich die Bezahlung auch enger an erzielte Resultate anbinden. Etwa, wenn wir schon eine Weile mit einem Auftraggeber zusammenarbeiten und dessen Operations kennen. Dann rechnen wir gerne auch komplett auf Erfolgsbasis ab. Hier wird beispielsweise eine Kommission fällig, wenn ein Interessent gewonnen wurde – die weitere Bearbeitung von Leads liegt in der Verantwortung des Auftraggebers und berührt die Agenturhonorierung nicht.

Die Kommission kalkulieren wir in der Regel auf

der Basis des Roherlöses. Einen bestimmten Prozentsatz davon legen wir als Honorar fest.

«It really comes down to the client knowing the value of the leads.»

David Rothwell, AdWords-Buchautor

Dazu ein Beispiel: Der durchschnittliche Auftragswert eines neu gewonnenen Kunden wird mit CHF 300.- beziffert. Die Agentur erhält 15 % davon als Kommission, also CHF 45. Erzielen die Kampagnen im Berichtszeitraum keine neuen Aufträge, erhält die Agentur keine Kommission und auch sonst keinerlei Honorar – falls das so vereinbart wurde. Für das AdWords-nutzende Unternehmen fallen dann lediglich die Klickkosten zugunsten von Google an.

Kalkulieren wir auf der Basis des Lifecycle-Values (anstatt wie oben auf der Grundlage des Erstauftrags-Wertes), sind die Prozentsätze in der Regel geringer. Diese Berechnungsgrundlage kann sich bei Unternehmen empfehlen, die hohe Wiederkaufsraten haben.

Ergänzend dazu kann ein Bonus definiert werden – wenn beispielsweise die durchschnittlichen Kosten pro Kundengewinnung monatlich unter einem bestimmten Betrag liegen, erhöht sich die Kommission. Und/oder man definiert einen Malus: Liegt der durchschnittliche monatliche Betrag für die Kundengewinnung über einer bestimmten Summe, verringert sich der Kommissions-Ansatz.

In der Praxis zeigt sich: Das Kommissionsmodell eignet sich erst ab einem bestimmten Volumen. Als Untergrenze bewähren sich um die fünf Conversions (Leads/Verkäufe) täglich. Sollte das noch nicht erreicht sein, aber im Bereich des grundsätzlich Möglichen liegen, kann sich ein Mix-Modell empfehlen: Wir steigern beratenderweise erst gemeinsam die Verkaufsqualität der Website – und steigen danach auf das Kommissionsmodell um.

«With value based fees, you'll find that you're able to provide dramatic results, with less labor intensity, with no meter running and with far greater profitability. And you'll no longer be in potential ethical conflicts with your own clients.»

Alan Weiss, Unternehmensberater

Vorteile der erfolgsorientierten Abrechnung: Sie ermöglicht Auftraggebern, AdWords risikominimiert auszureizen – und schnellstmöglich ambitionierte Wachstums- und Gewinnziele zu erreichen. Und sie motiviert die Agentur, ihr Bestmögliches zu leisten – weil sie nur voll bezahlt wird, wenn sie Erfolge erzeugt. Und weil sie mehr Honorar erreichen kann, wenn sie mehr Umsatz für den Auftraggeber generiert. So entsteht eine echte Win-Win-Situation.

Es reicht aber erfahrungsgemäss nicht aus, lediglich an den AdWords-Kampagnen alleine zu arbeiten, denn erst die Kombination aus guten Kampagnen und guten Landeseiten bringt den Erfolg. Das bedeutet, Agentur und Auftraggeber müssen gezielt zusammenarbeiten – und das beauftragende Startup muss bereit sein, die Website laufend weiterzuentwickeln. Beide Seiten gehen durch die erfolgsorientierte Abrechnung ein gewisses Risiko ein.

Dieses Risiko lässt sich abfedern, indem wir auf einen langfristigen Vertrag verzichten und vereinbaren: Die Zusammenarbeit kann beiderseits jederzeit per Ende des Monats beendet werden, und beide Parteien können jederzeit Veränderungen am Modell der Zusammenarbeit fordern.

Für wen ist erfolgsabhängige Zusammenarbeit mit der AdWords-Agentur geeignet: Für ehrgeizige Auftraggeber, die mit Google AdWords durchstarten wollen und bereit sind, das erforderliche Teamwork mit ihrer AdWords-Agentur einzugehen – wenn der Markt Potential hat: Es muss bei Google genug konvertierbare Nachfrage vorhanden sein, um wachsen und skalieren zu können.

Erfolgsbasierte Abrechnung klärt die Verhältnisse, lässt alle Beteiligten wirksamer zusammenarbeiten und fokussiert die Kräfte auf das Wesentliche: an die Spitze des Marktes zu kommen oder sich dort oben noch breiter zu machen.

«Any AdWords manager who is truly worth their salt would be happy to get paid

based on results. It shows total confidence in their ability to make you money.»

Gabriel Bradly, AdWords-Buchautor

12

Flow

Den Game-Level steigern

Wir nähern uns dem Ende dieses Buchs mit dem Gefühl, etwas ausgelassen zu haben – etwas Wichtiges, und das haben wir tatsächlich. Es ist das Glücksgefühl, das sich einstellt, wenn wir AdWords gemeinsam zum Funktionieren bringen. Und zum Immer-besser-Funktionieren.

«Google ads might be limited to 130 characters, but there is no limit to how creative you can be.»

Gabriel Bradly, AdWords-Buchautor

Es macht Spass, an einem Gemeinschaftswerk mitzuwirken, sich gegenseitig anzutreiben und anzuspornen, nach immer neuen und noch besseren Lösungen zu suchen, dranzubleiben und Durchbrüche zu erleben.

Zum AdWords-Erfolg gehören aber ebenso Irrwege, fruchtlose Grübeleien, Misserfolge und Enttäuschungen. Sie sind die Kehrseite des Erfolgs, ermöglichen ihn aber überhaupt erst, machen ihn wertvoll und kostbar.

«Meine Zweifel von gestern müssen zur Sicherheit von morgen werden.»

Franco Sbarro, Designer

Wir glauben, dass sich das gute Gefühl beim AdWords-Ausreizen aus zwei Quellen speist. Es ist erfreulich, gemeinsam mit Gleichgesinnten an gleichen Zielen zu arbeiten, die Kraft des Kollektivs anzuzapfen und zu spüren – und es fühlt sich gut an, voranzukommen und die Ziele auch zu erreichen oder gar zu übertreffen.

In das Kollektiv beziehen wir bei Wortspiel auch die Klienten mit ein. Wir bilden eine Schicksalsgemeinschaft. Wir sind nur so gut wie unsere Auftraggeber und umgekehrt. Das verbindet und verbündet uns.

Vielleicht ist es auch gar keine Arbeit mehr oder nicht mehr nur Arbeit, wenn alles gut läuft (was es keineswegs immer tut) – vielleicht verlässt AdWords die Ebene der reinen Erwerbstätigkeit und erreicht die Ebene des Flows.

«Im Allgemeinen vergisst man im Flow die Zeit, so dass Stunden oft wie Minuten erscheinen. Oder es geschieht das Gegenteil – Eiskunstläufer berichten, dass ihnen eine schnelle Drehung, die in Wirklichkeit nur eine Sekunde dauerte, zehnmal so lang vorkam.»

Mihály Csíkszentmihályi, Glücksforscher

«Flow» ist ein seltsames Phänomen – Flow entsteht, wenn wir uns völlig auf etwas konzentrieren und in einer Tätigkeit aufgehen. Es gibt kein wirklich passendes Wort dafür in der deutschen Sprache. «Schaffensrausch» und «Funktionslust» bezeichnen Ähnliches, aber nicht genau dasselbe.

Der Flow-Theoretiker und Glücksforscher Mihály Csíkszentmihályi sagt, Flow entstehe bei «der Steuerung eines komplexen, schnell ablaufenden Geschehens im Bereich zwischen Überforderung und Unterforderung».

Mit «Unterforderung» haben wir es beim AdWorden wirklich selten zu tun – angesichts der vielen, sich ständig verändernden Variablen.

Wir fühlen uns beim AdWords-Betreuen manchmal wie Schachspieler, die simultan mehrere Partien spielen. Jeder Kunde samt der Komplexität seiner Aufgaben ist eine eigene Partie.

«Für mich ist die Jagd nach neuen Kunden ein Sport. Wenn Sie das Spiel jedoch leichten Herzens spielen, werden Sie eventuelle Misserfolge überwinden, ohne deswegen der Schlaflosigkeit zu verfallen.

Spielen Sie, um zu gewinnen, aber spielen Sie zu Ihrem Vergnügen.»

David Ogilvy, Werber

AdWords kann als Spiel verstanden werden. Die Regeln sind gegeben, die Kontrahenten sind sichtbar, der Spielgewinn liegt jederzeit offen zu Tage.

AdWords findet jedoch nicht – wie viele andere Spiele – ausserhalb der Wirklichkeit statt, sondern in ihr. Man spielt nicht in einer künstlichen Spielumgebung, sondern in und mit der Realität echter, lebendiger Märkte. Genau das macht AdWords so spannend.

Und genau dieser Thrill macht Lust darauf, immer noch besser zu werden, gemeinsam mit den Auftraggebern noch weiter nach vorne zu kommen, die anderen Player im Markt noch wirksamer zu bekämpfen, AdWords noch effizienter auszureizen, nach immer neuen Wegen zu suchen, den Return on Ad Spend nach oben zu kitzeln – und noch mehr Menschen mit den Angeboten unserer Auftraggeber zu beglücken und gemeinsam die Marktführerschaft zu erreichen oder weiter auszubauen. Let's play!

«Unternehmen sind Abenteuerspielplätze für Erwachsene.»

Rudolf Mann, Unternehmensberater

13

Quickcheck

Können Sie mit Hilfe von Google AdWords Marktführer werden?

Adwords kann vielen Startups in vielerlei Hinsicht nützen. Um mittels Googles Werbeprogramm Marktführer zu werden, bedarf es jedoch einer günstigen Konstellation bestimmter Umstände. Die nachfolgenden Fragen können helfen, die Marktführer-Chancen für Sie und Ihr Unternehmen besser abschätzen zu können.

Ihr Team

Nichts ist für den Erfolg wichtiger als das Team – das gilt auch für die Erreichung der Marktführerschaft mittels AdWords. Produkte, Dienstleistungen und Märkte sind fluide und können in der Regel ausgetauscht werden, notfalls auch schnell. Menschen jedoch oft nicht!

- Sind für alle erforderlichen Schlüsselfunktionen fähige Leute an Bord – oder zumindest Talente, die sich schnell entwickeln können und wollen?
- Haben Sie einen Chief Marketing Officer im Team, der über AdWords hinaus sämtliche Kanäle kontrolliert und interne mit externen Spezialisten koordiniert?
- Können Sie Änderungen an den Landingpages und am Produkt innerhalb kurzer Zeit vornehmen?

Ihr Markt

Das beste Team und die besten AdWords-Kampagnen können Sie nicht zur Marktführerschaft bringen, wenn der Markt dies nicht grundsätzlich möglich macht.

- Tritt das Bedürfnis, welches Sie bedienen, immer wieder auf – bei einer ausreichend grossen Zahl von Menschen und ausreichend häufig?
- Benutzen die Menschen Google, um eine Lösung zu suchen, sobald das Bedürfnis virulent wird – oder mehr noch: Ist Google der primäre

Informationskanal, wenn man einen Lösungsanbieter sucht? Tipp: Prüfen Sie im kostenlosen Tool «Google Keyword Planner», wie viele Personen in Ihren Zielmärkten nach Suchbegriffen rund um Ihr Angebot suchen.
- Gibt es entweder wenig ernst zu nehmende Konkurrenz oder machen Sie Grundlegendes besser als potentiell gefährliche Mitbewerber?
- Sind Sie bereit, substantiell in flankierende markenbildende Massnahmen zu investieren?

Ihr Angebot

«The proof of the pudding is in the eating» – Sie müssen in der Lage sein, Ihre per AdWords gemachten Versprechungen einzulösen. Konsistent und konstant. So denn das Publikum für Ihre Verheissungen überhaupt empfänglich ist ...

- Wurde der PMF (Product Market Fit) eingehend geprüft, haben Sie also klaren Proof of Concept – oder sind Sie in Ihrer Entwicklung möglicherweise schon weiter und suchen nach Möglichkeiten, die bewiesenen Anfangserfolge zügig zu skalieren?
- Passt das Pricing – ist die Zielgruppe bereit, die aufgerufenen Preise zu bezahlen?
- Tauschen Sie sich regelmässig mit Ihren Kunden aus und lassen die gewonnenen Erkenntnisse in die Weiterentwicklung Ihres Angebots einfliessen – etwa, indem Sie NPS/Net Promotor Scorings durchführen?

- Haben Sie starke Differentiators, die von Mitbewerbern nicht oder kaum nachgemacht werden können?
- Haben Sie ein Set von einfachen und Überblick gewährenden KPI (Key Performance Indices) definiert, die Sie laufend aktualisieren und in Ihre Entscheidungen mit einfliessen lassen?
- Können Sie die Qualität Ihrer Leistungen aufrecht erhalten, wenn sich das Wachstum rapide beschleunigt und plötzlich viel mehr neue Kunden viel mehr kaufen?
- Haben Sie eine gut gefüllte Kriegskasse oder sind Investoren vorhanden/in Sicht, die Mittel bereitstellen? In der Regel ist es teuer, die Marktführerschaft rasch zu erlangen – Geld wird meist erst dann verdient, wenn eine marktführende Stellung bereits erreicht ist und nun kapitalisiert werden kann.

Ihre AdWords-Agentur

AdWords ist zu komplex geworden und setzt zu viele Kompetenzen voraus, um von einer Person alleine gestemmt zu werden, besonders dann, wenn die Devise Marktführerschaft heisst.

- Ist Ihnen bewusst, dass das Ausreizen von Google AdWords die Mitwirkung mehrerer unterschiedlich ausgerichteter Spezialisten erfordert – die allesamt anzustellen relativ teuer ist, weshalb der Einbezug einer AdWords-Agentur ökonomisch sinnvoll sein kann?

- Sind Sie offen dafür, Ihre AdWords-Agentur eng in die Marktbearbeitung einzubeziehen?
- Sind Sie in der Lage, intern Kapazität für die Zusammenarbeit mit der Agentur zu schaffen, so dass offene Fragen rasch beantwortet und neue Ideen schnell gemeinsam umgesetzt werden können?
- Sind Sie willens, an Ihrer Website laufend Anpassungen vorzunehmen?
- Können Sie sich vorstellen, die Honorierung teilweise oder ganz an gemeinsam definierte Erfolgsmesswerte zu knüpfen?

Je mehr dieser Fragen zu Team, Markt, Angebot und Agentur Sie mit «Ja» beantworten können, umso höher ist voraussichtlich die Wahrscheinlichkeit, dass Sie mit Hilfe von AdWords die Marktführerschaft erlangen können.

Stefan Vetter

Stefan Vetter ist Gründer und Geschäftsführer der Wortspiel GmbH. Der studierte Kommunikations- und Medienwissenschaftler ist seit 1999 im digitalen Marketing tätig und befasst sich seit mehreren Jahren vollzeitlich mit AdWords. Sein Wissen gibt er gerne weiter – unter anderem als Referent an der Fachhochschule Nordwestschweiz FHNW

wortspiel.com/stefan

Aurel Gergey

Aurel Gergey ist Creative Director bei Wortspiel und nutzt Google AdWords seit 2004. Zuvor war der diplomierte Pädagoge in Werbeagenturen als Texter und Konzepter tätig. Er hilft Unternehmen, mit professionellen Texten mehr aus Google AdWords herauszuholen. Bessere Anzeigen + besserer Webtext = bessere Resultate!

wortspiel.com/aurel

Impressum

3. überarbeitete und erweiterte Auflage
Umschlaggestaltung und Satz: Klaus Neuburg und Simon Roth, buerozoo.de
Schriften: Plain [Optimo], GT Sectra [Grilli]
Lektorat: Helmut Dworschak

Verlag: tredition GmbH, Hamburg

ISBN Taschenbuch: 978-3-7439-7316-9
ISBN Hardcover: 978-3-7439-7317-6
ISBN e-Book: 978-3-7439-7318-3

FSC
www.fsc.org
MIX
Papier | Fördert gute Waldnutzung
FSC® C083411

Zeitfracht Medien GmbH
Ferdinand-Jühlke-Straße 7
99095 Erfurt, Deutschland
produktsicherheit@kolibri360.de